Julia Müller

Textiler Schmuck

Kreatives Kordelknüpfen

Julia Müller

Textiler Schmuck

Kreatives Kordelknüpfen

rosenheimer

Vorwort

Eine Art des Kordelknüpfens ist Tundeln, es ist eine sehr alte Technik. Man sagt, dass sie aus den Klöstern kam. Dort sollen die Novizen ihr Zingulum für die Kutte, die sie als Mönche bekamen, in dieser Technik hergestellt haben. Ein Zingulum ist die kunstvolle Schnur, die die Kutte wie einen Gürtel zusammenhält. Sie hatten während dieser ruhigen Arbeit Zeit zum Meditieren. Zugleich mahnte das Knüpfen dieser Mönchsschnur auch an die künftige Lebensform.

Im Laufe der letzten Jahre wurden einige alte Techniken neu belebt. Tundeln ist die »jüngste« der alten Handarbeiten. Es ist eine recht einfache Kunst. Während der Arbeit an diesem Buch haben sich viele Kinder, die mich knüpfen sahen, dafür interessiert. Alle erlernten sehr schnell die beiden Grundknoten und waren sofort begeistert dabei. Wenn man ihnen Bänderschachteln und Restekisten öffnet, kommen unglaublich kreative Dinge zustande.
Wählt man etwas kostbarere Materialien und fügt Perlen, kleine Schmuckanhänger und Verschlüsse bei, entstehen wahre Prachtstücke.

Dieses Buch zeigt die ganze Bandbreite der Möglichkeiten: vom einfachen Freundschaftsband bis zum frechen Kinderschmuck; von der dekorativen Schnur bis zum Halsschmuck fürs »kleine Schwarze«. Aber alles, was ich getundelt habe, soll für Sie nur eine Anregung sein.

Viele gute Ideen und viel Freude beim Tundeln wünscht Ihnen

Julia Müller

Material

Auf dem Foto sehen Sie 7 Beispiele für Material, das sich als besonders gut erwiesen hat:

Seidenkordel

Baumwollgarn

Perlgarn Nr. 3

Satinbändchen

Soutache

Seidenschnur

Baumwollschnur als Seele

Als weniger geeignet (obwohl sehr reizvoll!) haben sich herausgestellt: Samtband, Wolle mit großen Noppen, Chenille, zu fransiges oder haariges Material. Dünne Fäden kann man mehrfach nehmen (siehe Halskette »Raupe Nimmersatt«), aus manchen Fäden habe ich Kordeln gedreht (siehe Halsschmuck »Graphit« und »Mond«).

Schöne Effekte kann man mit Beilaufgarn erzielen. Dünne Gold- und Silberfäden haben sich als besonders wirkungsvoll erwiesen (siehe z. B. Halsschmuck mit kleinen silbernen Parfümflakons und »Sonne«).

Man kann davon ausgehen, dass der Faden die 4–5-fache Länge der fertigen Tundelei haben soll. Zwei grundsätzliche Maße sind:

für Halsschmuck: je Faden 2 m

für Armbänder: je Faden 1 m

Je mehr Perlen aufgefädelt werden (darunter wird ja nicht getundelt), desto weniger lang müssen die Fäden sein. Zu lange Fäden sollte man zur besseren Handhabung aufwickeln und die Knäulchen mit einem Gummiring fixieren (siehe Halskette »Tigerente« und Halsschmuck aus Seidenstreifen).

Zubehör

Die getundelte Schnur ist zwar selbst schon ein sehr effektvoller Schmuck (siehe Halsschmuck »Harlekin«), doch lassen sich mit Perlen, Schmuckanhängern und Verschlüssen ganz besondere Akzente setzen.

☛ Zu beachten ist aber, dass die Öffnungen in den Perlen groß genug gebohrt sind, Verschlusskappen genau passen usw. Es ist daher zweckmäßig beim Einkauf von Zusatzmaterial eine »Tundelprobe« mitzunehmen.

Auf dem Foto sehen sie eine Auswahl von verschiedenen Perlen und Verschlüssen. In Perlenmärkten finden Sie das größte Angebot.

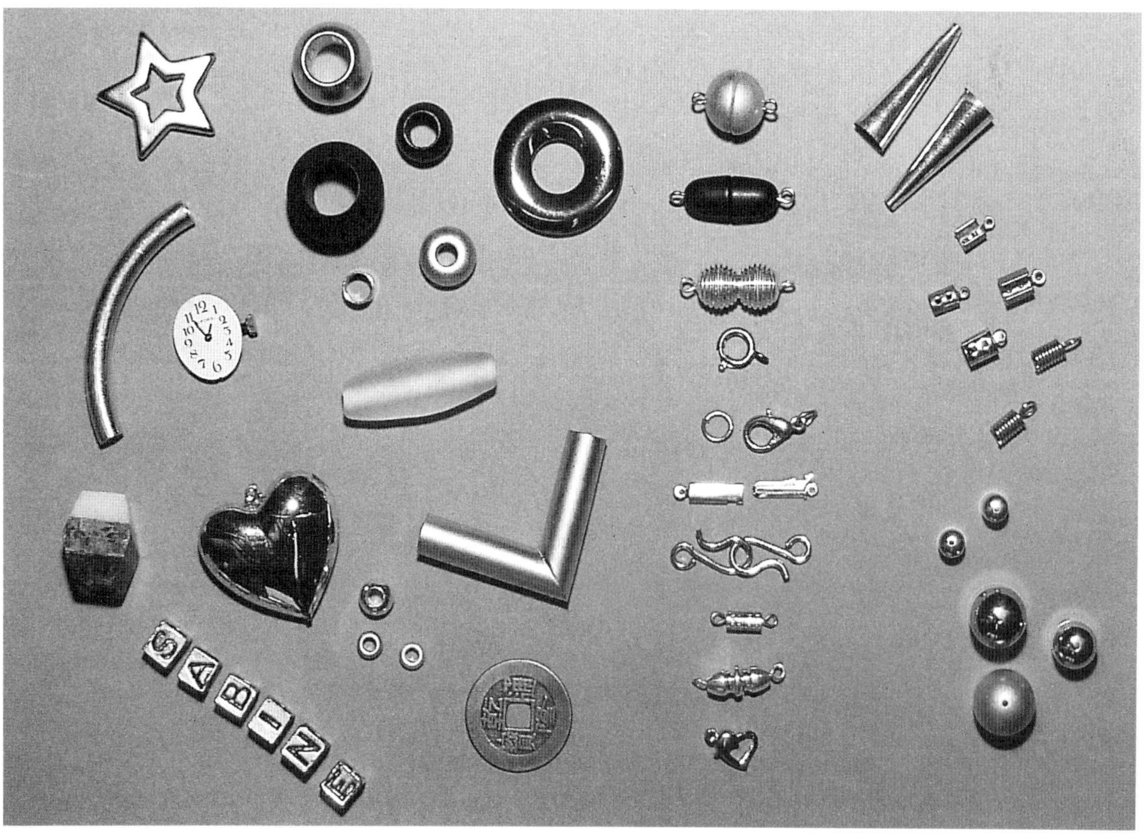

Technik

Beginnen kann man auf zwei Arten:

1. Man stellt die Mitte der doppelt langen Fäden fest und legt diese auf den Handteller (siehe 1. Grafik).
2. Man verknotet die Fäden entweder in der Mitte oder am Anfang, dann liegt der Knoten auf dem Handteller.

Linker und rechter Knoten
(die beiden Grundknoten der Tundelei)

Linker Knoten

Diesen Knoten habe ich so genannt, weil er gegen den Uhrzeigersinn, also links herum gearbeitet wird. Er ist der wichtigste Knoten in der Tundelarbeit, da er sich sehr harmonisch knüpfen lässt und somit am häufigsten benutzt wird.

Die folgenden Grafiken zeigen Ihnen die einzelnen Arbeitsschritte für den linken Knoten: Gearbeitet wird er mit 4 Fäden (= 4er-Tundel), von denen hier je zwei Fäden die gleiche Farbe haben.

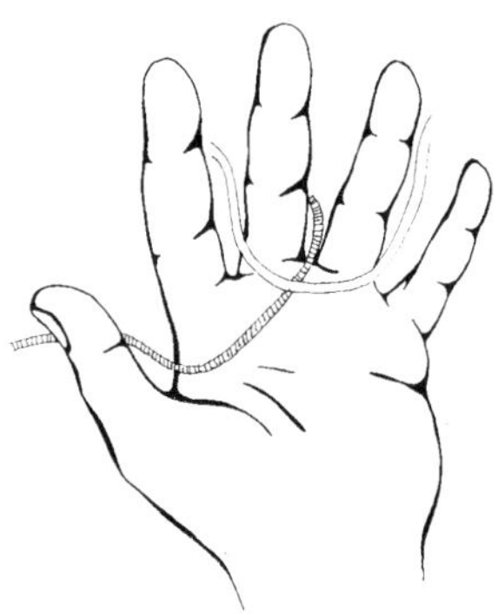

Die Fäden wie auf der Grafik dargestellt in die linke Hand einlegen. Die langen Enden hängen hinter der Hand herunter.

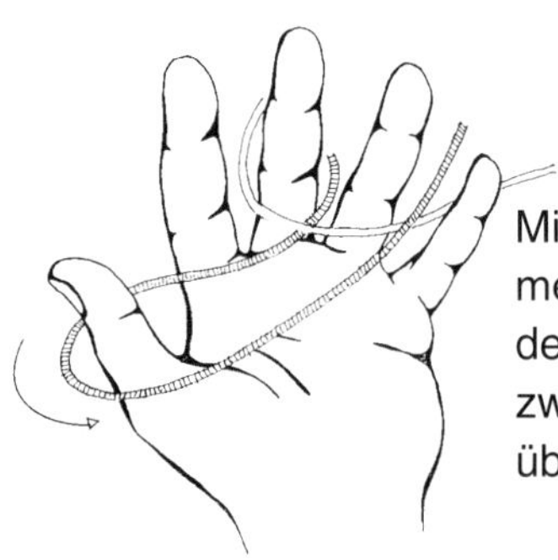

Mit dem dunklen Faden, der zwischen Daumen und Zeigefinger liegt, eine Schlinge um den Daumen legen. Damit den hellen Faden zwischen kleinem Finger und Ringfinger überkreuzen und hinter der Hand ablegen.

Den hellen Faden in der Handfläche über 2 dunkle Fäden führen und zwischen Mittel- und Ringfinger einlegen.

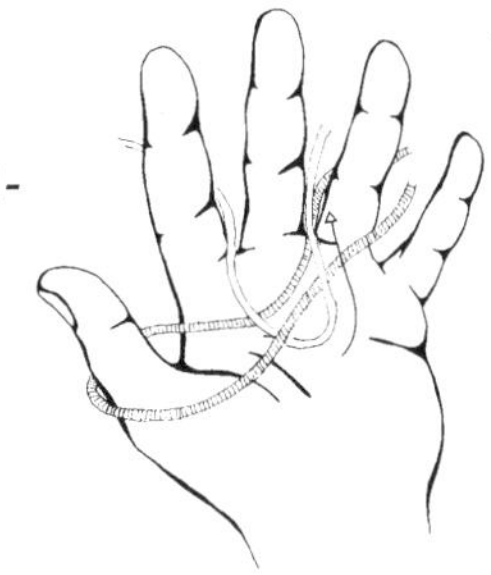

Den dunklen Faden zwischen Mittel- und Ringfinger in der Handfläche über zwei helle Fäden führen und zwischen Zeige- und Mittelfinger einlegen.

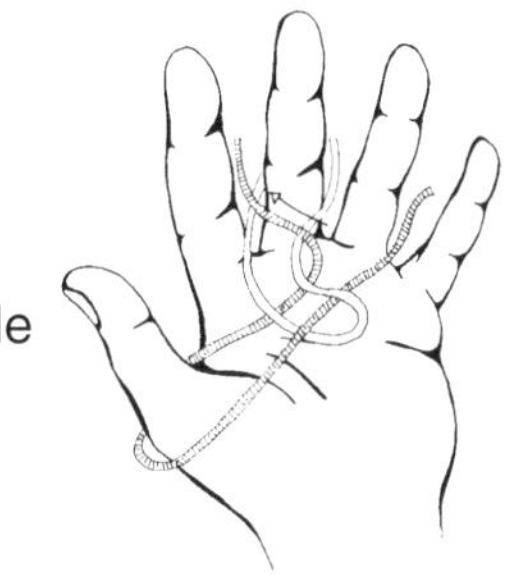

Den hellen Faden zwischen Zeige- und Mittelfinger über zwei dunkle Fäden führen, von oben in die Daumenschlaufe stecken und durchziehen. Die Daumenschlinge verkleinern und dann alle Fäden von der Hand gleiten lassen.

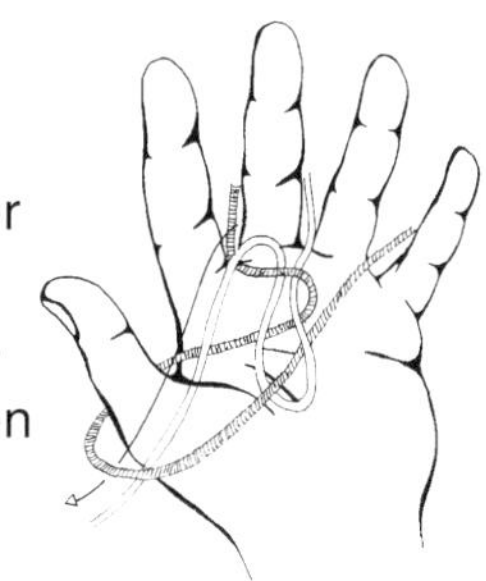

Gleichmäßig an allen 4 Fäden ziehen, so dass ein kleines »Schachbrettmuster« (= Knotenfläche) entsteht.

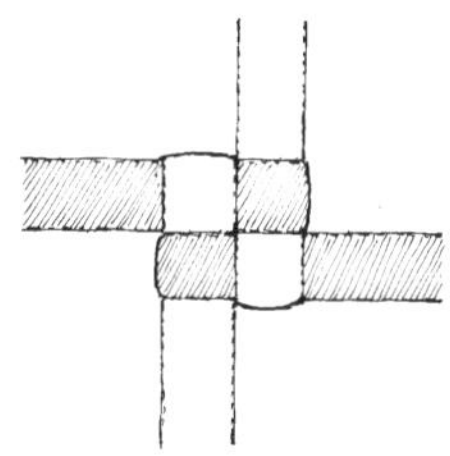

Für den nächsten Knoten müssen die Fäden so in die Hand eingelegt werden, dass diese Knotenfäche voll sichtbar ist. Es gibt dafür nur eine Möglichkeit und diese ist die richtige.

Rechter Knoten

Dieser Knoten läuft im Uhrzeigersinn, also rechts herum.
Die folgenden Grafiken zeigen Ihnen die einzelnen Arbeitsschritte für den linken Knoten:
Gearbeitet wird auch hier mit 4 Fäden (= 4er-Tundel).

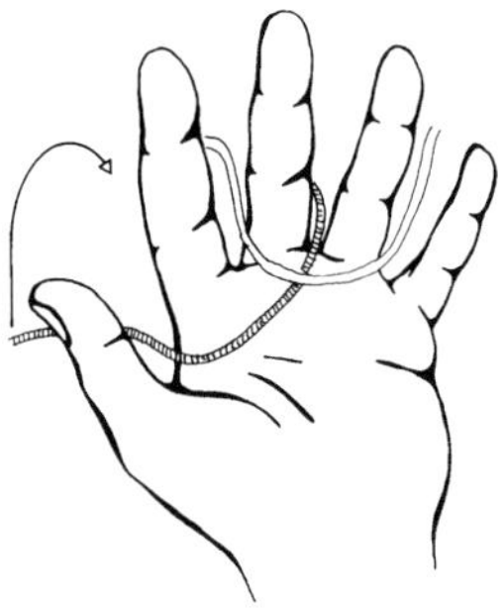

Die Fäden genau wie für den linken Knoten in die Hand einlegen. Den dunklen Faden, der zwischen Daumen und Zeigefinger liegt, aufnehmen und ...

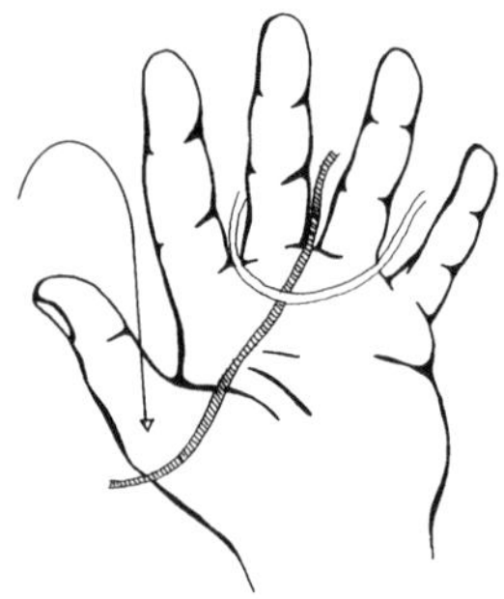

... vor den Daumen führen.

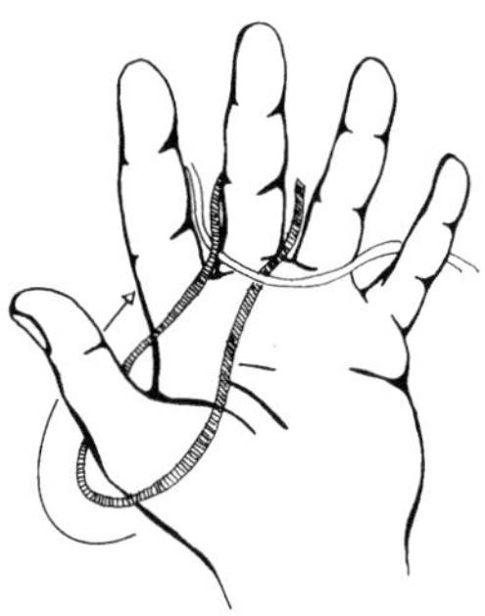

Diesen Faden im Uhrzeigersinn außen um den Daumen herumführen und zwischen Zeige- und Mittelfinger ablegen. Er muss den hellen Faden kreuzen.

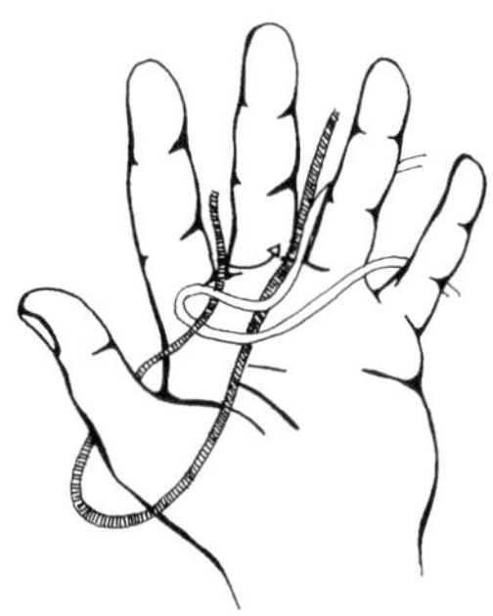

Den hellen Faden zwischen Zeige- und Mittelfinger in der Handfläche über 2 dunkle Fäden führen und zwischen Mittel- und Ringfinger einlegen.

Den dunklen Faden zwischen Mittel- und Ringfinger in der Handfläche über zwei helle Fäden führen und zwischen Ringfinger und kleinem Finger einlegen.

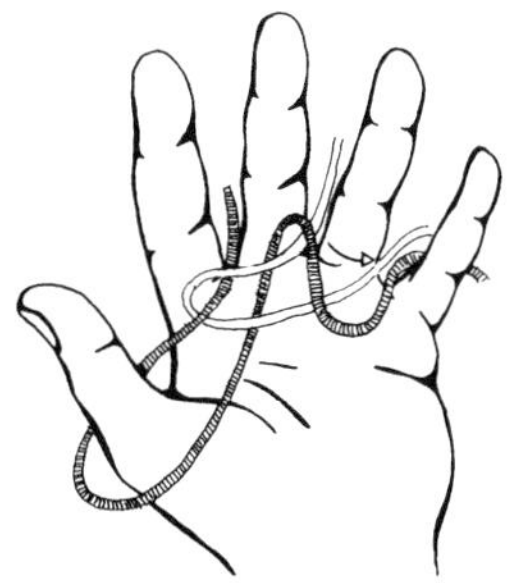

Den hellen Faden zwischen Ringfinger und kleinem Finger über zwei dunkle Fäden führen und von oben in die Daumenschlaufe stecken, durchziehen. Die Daumenschlinge anziehen und alle Fäden von der Hand gleiten lassen.

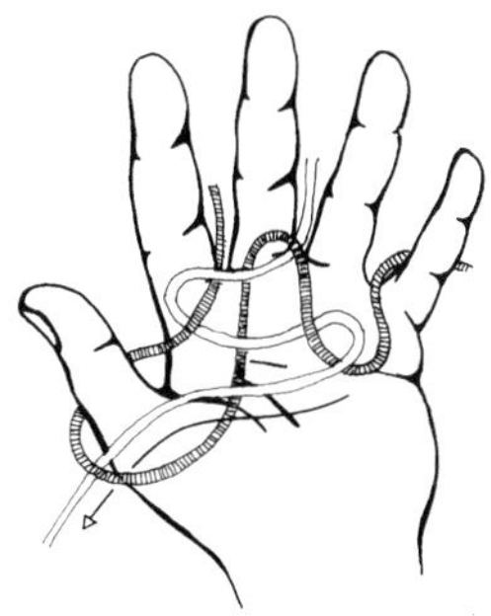

Gleichmäßig an allen 4 Fäden ziehen.

Auch hier muss nach dem Auflegen der Fäden vor einem neuen Knoten die Knotenfläche voll sichtbar sein.

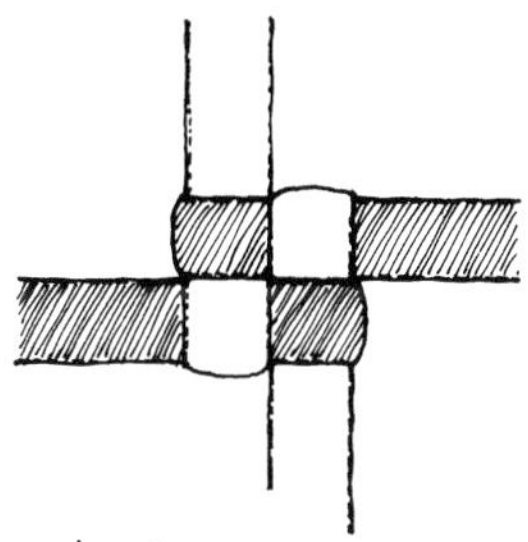

Farbsortierung

Auf den obigen Grafiken sind die Farben so sortiert, dass sie sich gegenüberliegen:
hell – dunkel – hell – dunkel
Sollen sie paarweise nebeneinander liegen, müssen sie in der Hand *vor* dem ersten Knoten anders sortiert werden:
hell – hell – dunkel – dunkel

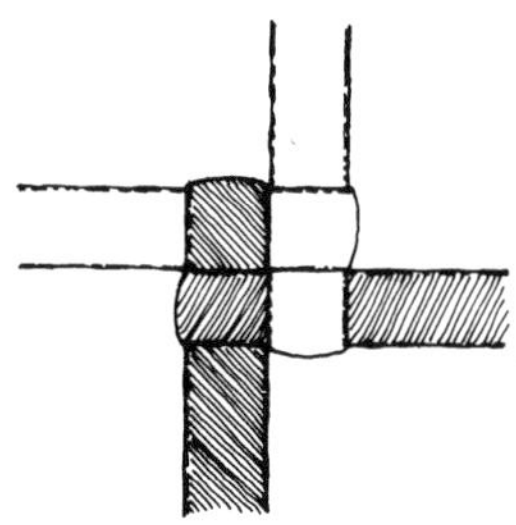

Mit dem ersten Knoten ist für den Rest der Schnur die Farbfolge festgelegt.

Variationen der Technik

Tundeln mit 3 Fäden (3er-Tundel)

Das Tundeln mit 3 Fäden geht genauso wie der linke Knoten des 4er-Tundels. Allerdings bleibt dabei einfach ein Fingerzwischenraum frei (z. B. Ringfinger – kleiner Finger). Diese getundelten Schnüre werden etwas dünner. Verschiedene Farben ergeben immer Streifen.

Beispiele: Armband zur Kette mit Herz
Kette für Sophie

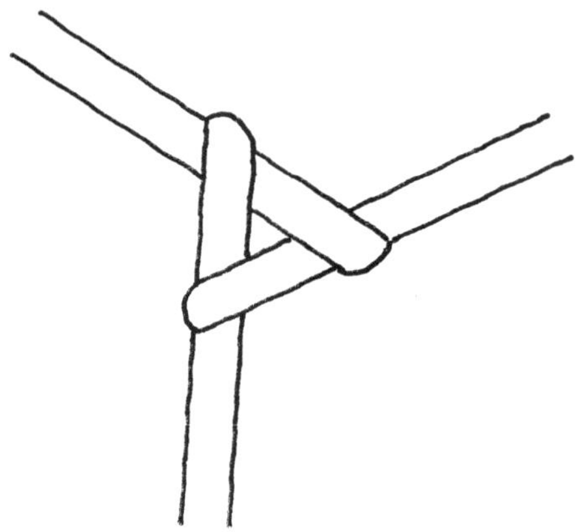

Tundeln mit 5 Fäden (5er-Tundel)

Wenn Sie den 4er-Tundel ohne Probleme beherrschen, eröffnet Ihnen der 5er-Tundel viele neue Möglichkeiten. Mit 5 Fäden wird genau so getundelt wie mit 4 Fäden. Der 5. Faden hängt einfach neben dem kleinen Finger herunter. Gearbeitet wird mit linken und/oder rechten Knoten.

Wenn Sie verschiedene Farben nehmen und immer linke und rechte Knoten abwechseln, bekommen Sie Streifen (siehe orange-rot-schwarz gestreiftes Freundschaftsband). Wenn Sie aber z. B. 4 gleiche und einen kontrastfarbenen Faden nehmen und nur linke Knoten arbeiten, erhalten Sie so verstreute Einsprengsel wie die Halskette »Scheherazade« sie hat.

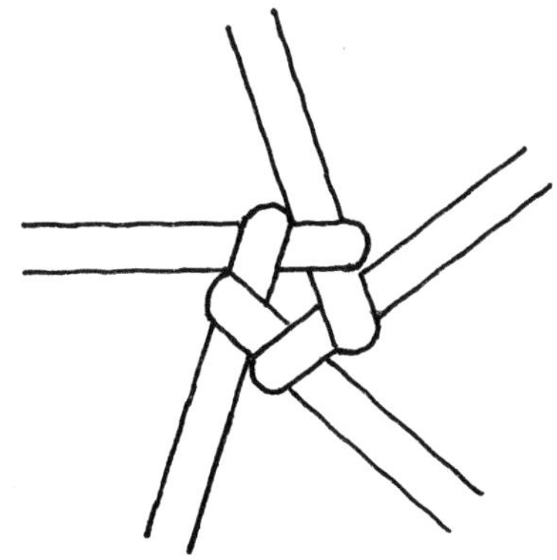

Tundeln mit 6 Fäden (6er-Tundel)

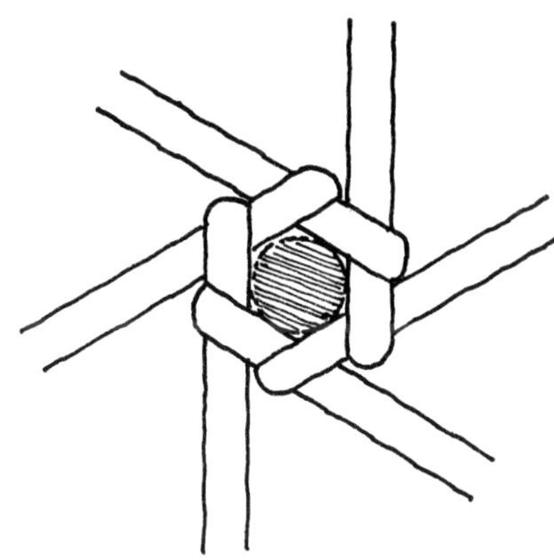

Wer viel getundelt hat, kann auch mit 6 Fäden tundeln. Diese Tundelei wird aber hohl. Man muss unbedingt eine »Seele« in der Mitte einlegen. Dazu verwendet man am besten eine weiche Baumwollschnur (siehe Foto Seite 6).
Man kann linke und rechte Knoten arbeiten. Die Farben müssen sehr gut aufeinander abgestimmt sein (siehe Armschmuck »Reseda« und »Eisblume«).

Fertigstellung

Bei vielen Schmuckstücken habe ich Verschlüsse verwendet. Natürlich lassen sich genauso gut die Fäden am Ende miteinander verknoten.

Das Foto zeigt die benötigten Materialien und Werkzeuge:

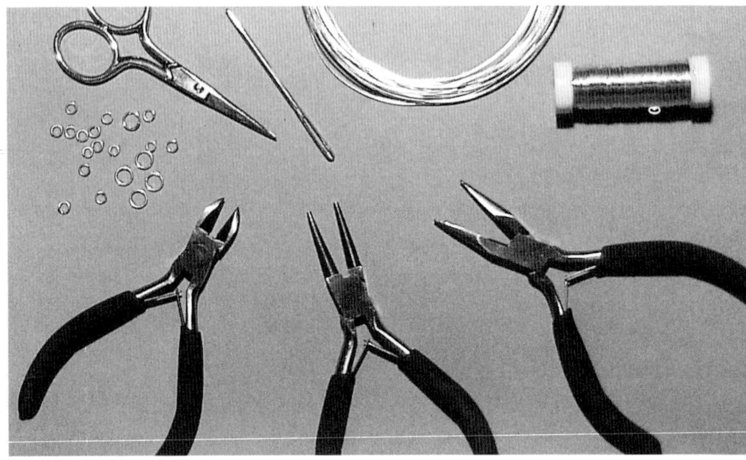

Außerdem benötigt man einen flüssigen, lösungmittelhaltigen Kleber (lösungsmittelfreier Kleber hält nicht gut).

Die anschließende Bilderfolge zeigt das Aufstecken der Verschlusskappen und das Montieren des Verschlusses:

Zuerst aus ca. 6 cm Draht (Ø 0,8 mm) mit der Flachzange einen Haken biegen und in das Ende der Schnur stecken.

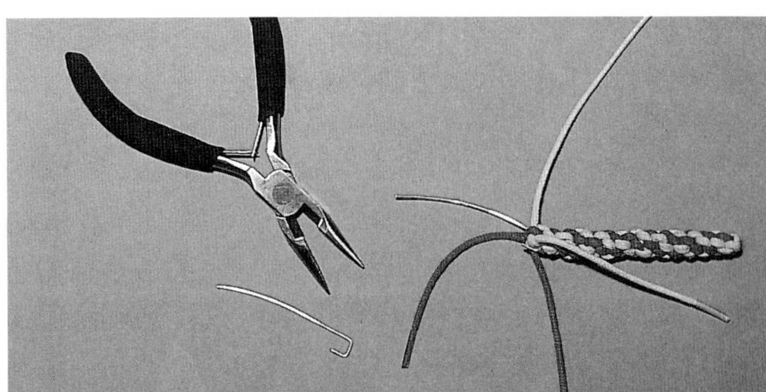

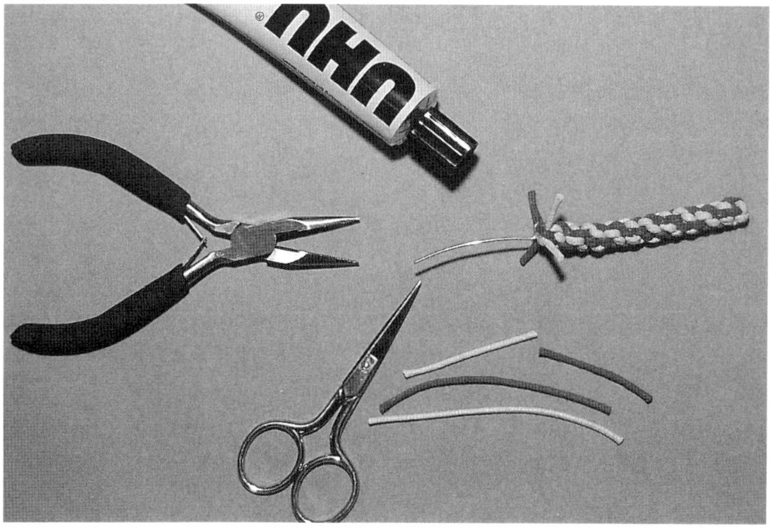

Den Haken ganz zubiegen. Die Knotenfläche mit Klebstoff bestreichen und die Fäden bis auf eine Länge von 1–2 cm abschneiden.

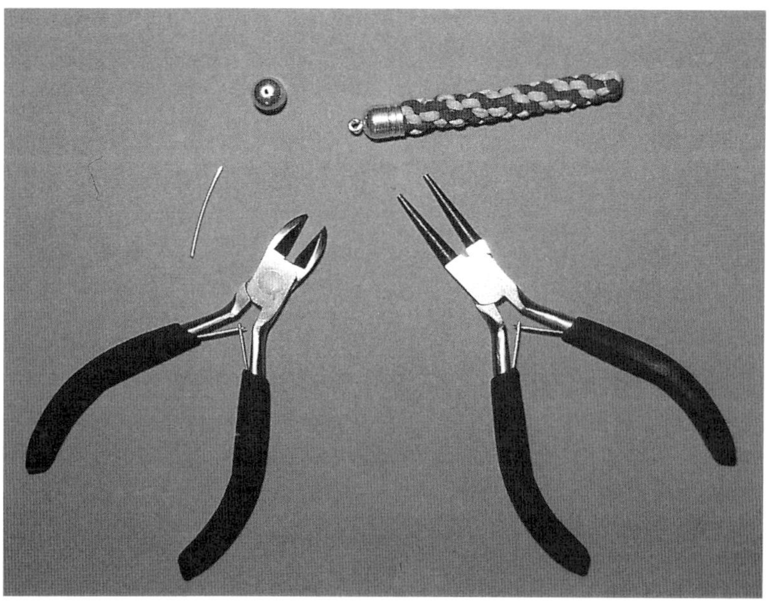

Verschlusskappe so aufstecken, dass alle Enden verborgen sind. Draht auf 1–1,5 cm abzwicken und mit der Rundzange eine Öse biegen.

Fertigstellung

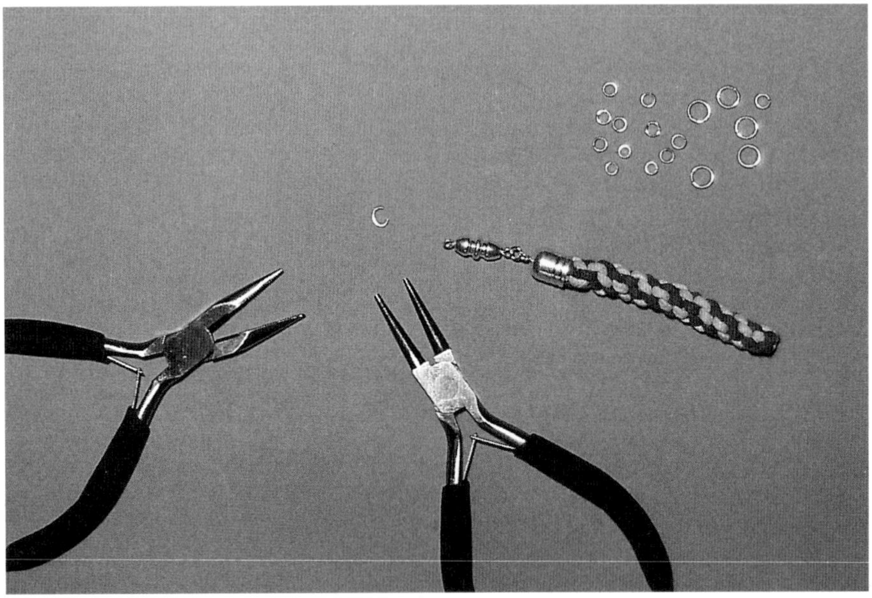

Den Verschluss mit Hilfe von Ösen ansetzen.

Die andere Seite wird dann genauso gearbeitet.

Kette »Aubergine« und »Spargel«

Material: Seidenkordel
Länge: für die Aubergine: 3 x 2 m grün; 1 x 2 m lila
für den Spargel: 3 x 2 m sand; 1 x 2 m grün
Außerdem: – kleines Gemüse aus Keramik als Anhänger
– 2 Verschlusskappen, 1 Drehverschluss
– 1 große Öse, 2 kl. Ösen, 10 cm Draht (Ø 0,8 mm), Kleber

Die 4 Kordeln in der Mitte mit einem Knoten zusammenfassen. Die Hälfte der Kette mit rechten und linken Knoten im Wechsel ca. 18 cm arbeiten. Den Anfangsknoten öffnen und wiederum einen schönen, nah anschließenden Knoten machen. Das Gemüse an die große Öse hängen, die 4 Kordeln durch diese Öse ziehen und als Befestigung wiederum einen schönen Knoten bilden. Die 2. Seite wieder abwechselnd mit rechten und linken Knoten fertig stellen. Verschlusskappen aufsetzen und Verschluss montieren (siehe S. 14).

Kette »Reibeisen«

Material: Seidenkordel
Länge: 3 x 2 m weiß, 1 x 2 m sand
Außerdem: – kleines Puppenreibeisen
– 2 Verschlusskappen, 1 Drehverschluss
– 1 große Öse, 2 kl. Ösen, 10 cm Draht (Ø 0,8 mm), Kleber

Die 4 Kordeln in der Mitte mit einem Knoten zusammenfassen. * 15 Knoten rechts und links im Wechsel, 1 Knoten rechts (= 2 gleiche Knoten), 15 Knoten links und rechts im Wechsel, 1 Knoten links. Ab * wiederholen bis 21 cm Länge = 7 Rapporte. Den Anfangsknoten öffnen und wiederum einen schönen, nah anschließenden Knoten machen. Das Reibeisen in gleicher Weise wie das Gemüse einhängen. Die 2. Seite beginnt mit links – rechts im Wechsel (spiegelverkehrt!). Verschlusskappen aufsetzen und Verschluss montieren (siehe S. 14).

Indianerschmuck

Material: dünne Lederbändchen in Natur und Dunkelbraun
Länge: Halskette: 4 m jeder Farbe (in 2-m-Stücke geschnitten)
Armband: 2 m jeder Farbe (in 1-m-Stücke geschnitten)
Außerdem: – 4 kleine silberfarbene Metallperlen
– 2 längliche Perlen aus Bein (Indianerperlen)
– 2 Federn aus Metall

Halskette:

Die 4 Bändchen in der Mitte mit einem Knoten zusammenfassen. Die Hälfte der Kette mit linken und rechten Knoten im Wechsel ca. 14 cm arbeiten, dabei müssen die Farben einander gegenüberliegen. Den Anfangsknoten öffnen und eine Metallperle über alle 4 Bändchen ziehen. 1 Bändchen durch die Beinperle ziehen und die restlichen 3 Bändchen in der Länge der Perle zu einem Zöpfchen flechten. Nun die 2. Metallperle, die 2 Federn und die 3. Metallperle auffädeln. Bei der 2. Beinperle genauso verfahren wie bei der ersten, dann die 4. Metallperle auffädeln. Nun erst die 2. Seite der Kette in gleicher Weise und Länge arbeiten. Als Verschluss werden die Enden zu dünnen Zöpfchen geflochten und mit einem einfachen Knoten fixiert.

Armband:

Die Lederbändchen bei 10 cm verknoten. Abwechselnd mit linken und rechten Knoten ca. 14 cm tundeln. Den Anfangsknoten lösen und den Rest der Bändchen zu Zöpfchen flechten. Mit einem Knoten fixieren.

Kette für Sophie

Material: dünne Lederbändchen in Natur, Dunkelbraun und Schwarz
Länge: je 2 m
Außerdem: – 6 eckige Holzperlen mit Buchstaben
– 2 kleine goldfarbene Metallperlen

Die 3 Bändchen in der Mitte mit einem Knoten zusammenfassen. Die Hälfte der Kette ca. 21 cm im 3er-Tundel arbeiten. Den Anfangsknoten öffnen und die ersten 3 Buchstaben über alle 3 Bändchen ziehen. Das hellste Bändchen 4 cm nach dem letzten Buchstaben abschneiden. Die Goldperlchen auffädeln und mit Knoten fixieren. Die restlichen Buchstabenperlchen auf alle drei Bändchen ziehen. Nun erst die 2. Seite der Kette in gleicher Weise und Länge arbeiten. Als Verschluss werden die Enden zu dünnen Zöpfchen geflochten und mit einem einfachen Knoten fixiert.

SOPHIE

Halskette »Tigerente«

Material: Sticktwist in Gelb und Schwarz
Länge: je 6 m (in 3-m-Stücke geteilt)
Außerdem: – 1 kleine Tigerente, erhältlich als Ohrring

Die 4 Fäden in der Mitte miteinander verknoten. Es werden jetzt 8 mal je 1 rechter und 1 linker Knoten im Wechsel gearbeitet, die Farben liegen dabei gegenüber. Um die Streifen zu versetzen, folgt nun noch ein rechter Knoten. Diese Arbeitsschritte (17 Knoten) noch ca. 16-mal bis zum Fadenende arbeiten. Nun wird der Anfangsknoten geöffnet und die Tigerente an dieser Stelle eingeknotet. Die 2. Hälfte wird gegengleich, also 8 mal je 1 linker und 1 rechter Knoten im Wechsel, gearbeitet. Zum Versetzen der Streifen wird hier ein linker Knoten benötigt. Auch diese Knotenfolge 16-mal wiederholen. An den Enden die Fäden gleich lang abschneiden. Als Verschluss dient hier ein Knoten.

Um leichter mit den langen Fäden zu arbeiten, empfiehlt es sich, die Enden zu kleinen Knäulen zu wickeln. Damit diese auch halten, kann man sie mit einem kleinen Gummiring fixieren.

Halskette »Raupe Nimmersatt«

Material: Sticktwist in Gelb, Rot, Blau, Grün
Länge: von jeder Farbe je 4 m (das Garn wurde doppelt verarbeitet)
Außerdem: – eine Spielzeugraupe aus Holz

Die 4 doppelten Fäden in der Mitte miteinander verknoten. Für die Kette in beiden Richtungen 18 cm in linken und rechten Knoten im Wechsel arbeiten. Die Raupe an dem Mittelknoten befestigen. Die Enden der Schnüre verknoten und gleich lang abschneiden. Damit es lustiger aussieht, habe ich die Kordel noch in sich verdreht.

Die Beschreibung für den roten Kinderschmuck mit Ente finden Sie auf Seite 36.

Freundschaftsbändchen

Material: mitteldickes Baumwollstrickgarn in verschiedenen Farben
Länge: 1 m je Faden

Bei allen Bändchen sind das Material und die Länge gleich. Auch der Beginn ist derselbe. Alle Fäden werden nach 10 cm mit einem Knoten zusammengefasst. Es wurde nur unterschiedlich getundelt!

Rot-schwarz gezacktes Bändchen

2 rote und 2 schwarze Fäden zuschneiden. Dieses Bändchen wird abwechselnd mit 3 rechten und 3 linken Knoten gearbeitet, die Farben liegen dabei einander gegenüber.

Schwarz-gelb-orange gedrehtes Bändchen

2 schwarze, 1 gelben und 1 orangen Faden zuschneiden. Es wird mit linken Knoten gearbeitet, die 2 schwarzen Fäden liegen dabei als Paar nebeneinander.

Schwarz-gelb getüpfeltes Bändchen

3 schwarze und 1 gelben Faden zuschneiden. Mit linken Knoten die gewünschte Länge tundeln.

Orange-rot-schwarz gestreiftes Bändchen

3 schwarze, 1 roten und 1 orangen Faden zuschneiden. In einem 5er-Tundel mit rechten und linken Knoten im Wechsel das Bändchen arbeiten. Zwischen dem roten und dem orangen Faden liegt ein schwarzer Faden. Jeden Knoten sorgfältig anziehen.

Das Armbändchen so weit knüpfen, bis es fast um das Handgelenk reicht (ca. 15 cm). Als Abschluss habe ich bei allen Bändchen Knoten gebildet, die Enden sind lose. Sie könnten allerdings auch zu einem Zopf geflochten werden.

Kette mit Millefiori-Glaskugel

Material: mittelstarkes Strickgarn aus Baumwolle und Viskose
Länge: 4 x 4 m, doppelt verarbeitet
Außerdem: – 1 Millefiori-Glaskugel
– 2 Verschlusskappen, 1 Karabinerverschluss
– 2 kl. silberne Ösen, ca. 10 cm Silberdraht (Ø 0,8 mm), Kleber

In der Mitte die 8 Fäden mit einem Knoten zusammenfassen. Mit doppelten Fäden 5 linke Knoten tundeln. Ein Rundholz, Stift oder ähnliches mit einem Durchmesser von ca. 1,5 cm als Abstandhalter auf die getundelte Schnur legen. Weitere 5 linke Knoten bilden. Noch 2 x wiederholen. Jetzt als dünneren Abstandshalter einen Bleistift (Durchmesser 0,8 cm) verwenden. Nach dem dritten Abstand weiterarbeiten bis zu einer Länge von insgesamt 20 cm. Den Mittelknoten wieder öffnen, Kugel auffädeln und die 2. Seite in gleicher Weise wie die erste fertig stellen. Verschlusskappen aufsetzen, Verschluss anbringen (siehe S. 14).

Kette mit Millefiori-Glasröhre

Material: mittelstarkes Strickgarn aus Baumwolle und Viskose
Länge: 3 x 2 m je Tundel-Schnur
Außerdem: – 1 Millefiori-Glasröhre
– 4 Verschlusskappen, 1 Karabinerverschluss
– 2 große Ösen, ca. 20 cm Silberdraht (Ø 0,8 mm), Kleber

Für die erste Schnur in der Mitte von drei Fäden einen Knoten machen. Als 3er-Tundel ca. 22 cm knüpfen. Die 2. Schnur genauso weit arbeiten. Beide Mittelknoten lösen, alle Fäden durch die Glasröhre ziehen. Die beiden 3er-Tundeln auf der anderen Seite fortführen, bis die gleiche Länge erreicht ist. Auf alle 4 Enden Verschlusskappen aufstecken (siehe S. 14). Die Schnurpaare leicht miteinander verdrehen und mit einer Öse die beiden Verschlusskappen zusammenfassen, um die Drehung zu fixieren. An diese Ösen den Verschluss montieren.

Halsschmuck und Armband »Harlekin«

Material: Soutache in Schwarz und Weiß
Länge: Halsschmuck je 4 m, Armband je 2 m
Außerdem: – 4 Verschlusskappen in passender Größe und 2 Drehverschlüsse
– 4 kl. silberne Ösen, ca. 30 cm Silberdraht (Ø 0,8 mm), Kleber

Für den Halsschmuck bei den 2 Soutachebändchen jeweils die Mitte feststellen und in der linken Hand überkreuzt einlegen. Ca. 50 cm für die Kette mit linken Knoten arbeiten, dabei müssen die Farben paarweise nebeneinander liegen. Das Armband wird wie der Halsschmuck gearbeitet, allerdings liegen hier die Farben nicht nebeneinander, sondern gegenüber. Nach ca. 17 cm die Tundelei beenden. Verschlusskappen aufsetzen und Verschlüsse montieren (siehe S. 14).

Halsschmuck »Graphit«

Material: selbst gedrehte Kordel aus Baumwollstrickgarn mit Viskose
Länge: schwarz: 2 x 2 m; schwarzmetallic: 2 x 2 m
Außerdem: – 2 kleine Silberperlen mit großem Loch
– 2 mittelgroße schwarze Perlen mit großem Loch
– 1 große schwarzweiß marmorierte Perle mit großem Loch
– 1 Hakenverschluss

Für eine schwarze Kordel: aus 8,4 m langem Faden eine Kordel drehen.

Für eine Metallic-Kordel: 4,2 m schwarzen Faden, 4,2 m Metallicfaden zur Kordel drehen.

In der Mitte die 4 Kordeln mit einem Knoten zusammenfassen. Mit linken Knoten ca. 22 cm tundeln. Die Kordeln mit dem Metallicfaden liegen paarweise nebeneinander. Den Anfangsknoten lösen, Perlen aufziehen und die 2. Hälfte wie die erste tundeln. Für den Verschluss je die beiden schwarzen Kordeln gegengleich durch die Verschlussöse ziehen. Mit einer Stopfnadel ohne Spitze alle Fäden möglichst weit in die Tundelei zurückziehen. Herausstehende Enden ganz knapp abschneiden.

Halskette mit schwarzer Steinscheibe

Material:	schwarzes und silbernes Baumwollstrickgarn in gleicher Stärke
Länge:	je 6 m
Außerdem:	– 1 schwarze Steinscheibe, 1 silberfarbene Schmuckperle – 2 kleine Verschlussklemmen, 1 kleinen Drehverschluss, 2 Ösen, Kleber

Bei den Garnen jeweils die Mitte feststellen und in der linken Hand so einlegen, dass die Farben paarweise nebeneinander liegen. Mit linken Knoten ca. 55 cm tundeln. Die beiden Schnurenden mit Kleber einstreichen, die Verschlussklemmen überziehen und zubiegen. Verschluss montieren (siehe S. 16).

Die fertige Kordel in der Mitte zusammenlegen, Schmuckperle aufziehen und ca. 4 cm hochziehen. Die so entstandene Schlaufe durch die Steinscheibe schieben. Die Kordel mit den Verschlussenden voraus durch die Schlaufe ziehen. Die Schlaufe unterhalb der Perle festziehen und somit den Stein befestigen.

Diese Art der Steinbefestigung ermöglicht auch eine anderweitige Verwendung der Schnur.

Halskette mit brauner Steinscheibe

Material:	schwarzes und goldenes Baumwollstrickgarn in gleicher Stärke
Länge:	je 6 m
Außerdem:	– 1 braune Steinscheibe, 1 goldfarbene, röhrenförmige Schmuckperle – 2 lange, goldfarbene, gebogene Schmuckröhren, 1 Drehverschluss – feiner Messingdraht, Kleber

Bei den Garnen jeweils die Mitte feststellen und in der linken Hand so einlegen, dass die Farben paarweise nebeneinander liegen. Mit linken Knoten ca. 55 cm tundeln. Auf einer Seite die Fäden durch die Röhre ziehen, mit den schwarzen Fäden gegengleich durch die Öse des Verschlusses fädeln, Fäden umlegen und gleich unterhalb des Verschlusses die 8 Fäden fest mit dem Draht umwickeln. Schmuckröhre bis zum Verschluss hochschieben. 2. Seite in gleicher Weise fertig stellen. An der fertigen Kordel Stein befestigen (siehe Halskette mit schwarzer Steinscheibe).

Halsschmuck mit kleinen silbernen Parfümflakons

Material: feine schwarze Seidenkordel, silbernes Metalleffektgarn zum Sticken
Länge: 4 x 2 m Seidenkordel, beim länglichen Flakon laufen 3 Silberfäden mit, beim runden Flakon läuft 1 Silberfaden mit
Außerdem:
– Parfümflakon
– 2 kleine Verschlusskappen, 1 Drehverschluss
– 2 kl. silberne Ösen, 10 cm Silberdraht (Ø 0,8 mm), Kleber

Am Anfang der Kordeln und Silberfäden einen Knoten bilden. Die Silberfäden laufen einzeln als Beilaufgarn bei den Kordeln mit. Mit linken Knoten ca. 40 cm tundeln. Flakon über die Schnur ziehen, Verschlusskappen aufsetzen und Verschluss montieren (siehe S. 14).

Halsschmuck »Sonne«

Material: weiches mitteldickes Viskosestrickgarn, schwarzes Perlgarn Nr. 5
Länge: 4 x 2 m Strickgarn, 2 m Perlgarn
Außerdem:
– 1 Anhänger in Sonnenform
– 1 schwarzweiße Glasperle
– 2 Spiralverschlusskappen, 1 Federring mit 1 großen Öse
– 2 kleine silberne Ösen, Kleber

Mit einem Knoten am Anfang der 5 Fäden beginnen. Der schwarze Faden läuft bei einem weißen Faden als Beilaufgarn mit. 55 cm sehr locker mit linken Knoten tundeln. Die Sonne auffädeln und in die Mitte ziehen. Beide Enden durch die Glasperle fädeln und zur Befestigung an die Sonne schieben. Die Enden mit Kleber einstreichen und durch die Spirale der Verschlusskappen ziehen, überhängende Fäden knapp abschneiden. Federring montieren (siehe S. 14).

Kette mit Steinschnecke

Material: mittelstarkes Strickgarn aus Baumwolle/Leinen mit flachen Noppen
Länge: 4 x 2 m
Außerdem: – 1 Schnecke aus Glas
– 2 Verschlussklemmen, 1 Federringverschluss
– 2 kleine Ösen, 1 große Öse, Kleber

In der Mitte die 4 Fäden mit einem Knoten zusammenfassen. Mit linken Knoten ca. 20 cm tundeln. Den Anfangsknoten wieder öffnen, Schnecke auffädeln und die zweite Seite in gleicher Weise wie die erste fertig stellen. Die Enden der getundelten Schnur mit Kleber einstreichen, Verschlussklemmen aufstecken, zusammendrücken. An beide Verschlussklemmen je eine kleine Öse anbringen. Die große Öse dient zum Einhängen des Federringverschlusses.

Kette mit Steinzahn

Material: mittelstarkes Strickgarn aus Baumwolle/Viskose mit Noppen
Länge: 4 x 2 m
Außerdem: – 1 Steinstift mit Bohrung
– 2 kleine Verschlusskappen, 1 Drehverschluss
– 2 kl. Messingösen, ca. 10 cm Messingdraht (Ø 0,8 mm), Kleber

Die Arbeitsweise ist wie bei der Kette mit Steinschnecke. Allerdings werden hier Verschlusskappen aufgesetzt und ein Verschluss angebracht (siehe S. 14).

Halskette »Sonnengott«

Material: mittelstarkes Baumwollstrickgarn, goldenes Metalleffektgarn
Länge: Strickgarn: 4 x 4 m, doppelt verarbeitet, 2 m goldenes Effektgarn
Außerdem: – 1 Röhrenstein, 2 kleine goldfarbene Schmuckperlen
– 1 goldfarbener Drehverschluss in Kugelform

Die Fäden so halbieren, dass man 2-m-Stücke erhält (nicht schneiden). Die 4 Fadenbündel – eines mit Beilaufgarn – in der Mitte verknoten und mit linken Knoten 17 cm tundeln. Anfangsknoten lösen und wieder einen schönen, nah anschließenden Knoten bilden. Kugeln und Stein auffädeln, mit einem Knoten fixieren. Die 2. Seite wie die erste arbeiten. Um den Verschluss zu befestigen, je 2 Doppelfäden gegengleich durch die Verschlussöse ziehen, mit einer dicken Stopfnadel ohne Spitze alle 4 Enden möglichst weit in die Tundelei zurückziehen. Heraussstehende Enden knapp abschneiden.

Halsschmuck mit silbernem Hexagon

Material: 3 mm breites Satinbändchen in Pflaume und Dunkelblau
Länge: je 2 x 2,2 m
Außerdem: – 1 silbernes Sechseck

In der Mitte der 4 Bändchen einen Knoten machen. Mit linken und rechten Knoten im Wechsel ca. 17 cm tundeln. Die Farben liegen dabei paarweise nebeneinander. Beim Bilden der Knoten ist darauf zu achten, dass die Bändchen sich nicht verdrehen, damit sich eine gleichmäßige Schnuroberfläche ergibt. Fest anziehen! Den Anfangsknoten öffnen und das Sechseck befestigen. Die 2. Seite wie die erste arbeiten. Als Verschluss habe ich die überstehenden Bändchen, ca. 25 cm, verwendet.

Roter Kinderschmuck mit Ente

Material: mitteldickes Baumwollgarn zum Stricken in Rot und Schwarz
Länge: rot: 3 x 2 m; schwarz: 1 x 2 m
Außerdem: – 1 Murano-Glasperle mit Ente
– 2 runde, rote Glasperlen
– 1 schwarzer Drehverschluss

(Foto Seite 23)

In der Mitte die 4 Fäden mit einem Knoten zusammenfassen. Mit linken Knoten ca. 19 cm tundeln. Den Anfangsknoten lösen, Perlen aufziehen und die 2. Hälfte wie die erste tundeln. Für den Verschluss je zwei Fäden gegengleich durch die Verschlussöse ziehen. Mit einer Stopfnadel ohne Spitze alle 4 Fäden möglichst weit in die Tundelei zurückziehen. Herausstehende Enden ganz knapp abschneiden.

Halsschmuck mit Mond

Material: selbst gedrehte Kordel aus Baumwollstrickgarn mit Viskose
Länge: schwarz: 2 x 2 m; blau-türkismetallic: 2 x 2 m
Außerdem: – 1 Anhänger in Mondform
– 2 große, gebogene, silberne Schmuckröhren
– 1 Steckverschluss, 1 große Öse

Für die schwarze Kordel: aus 8,4 m langem Faden eine Kordel drehen.

Für die Metallic-Kordel: 8,4 m Metallicfaden zur Kordel drehen.

In der Mitte die 4 Kordeln mit einem Knoten zusammenfassen. Mit linken Knoten ca. 20 cm tundeln. Die Metallic-Kordeln liegen einander gegenüber. Den Anfangsknoten lösen und die 2. Hälfte wie die erste tundeln. An beiden Enden die Schmuckröhren über die Kordeln fädeln. Mit weiteren fünf linken Knoten befestigen. Auf einer Seite die beiden schwarzen Kordeln gegengleich durch die Öse der Hülse des Steckverschlusses ziehen. Mit einer dicken Stopfnadel ohne Spitze alle 4 Enden möglichst weit in die Tundelei zurückziehen, die Hülse mit in die Tundelschnur eindrücken. Herausstehende Enden ganz knapp abschneiden (evtl. unter den Schmuckröhren-Enden verschwinden lassen). Zweite Verschlusshälfte befestigen, allerdings muss der Stecker sichtbar bleiben. In der Mitte der getundelten Schnur mit der Öse den Mond befestigen.

Armband zum Halsschmuck mit Mond

Material: selbst gedrehte Kordel aus Baumwollstrickgarn mit Viskose
Länge: schwarz: 2 x 1 m; blau-türkismetallic: 2 x 1 m
Außerdem: – 2 Verschlusskappen in passender Größe und 1 Drehverschluss
– 2 kl. silberne Ösen, ca. 10 cm Silberdraht (Ø 0,8 mm), Kleber

Für die schwarze Kordel: aus 4,2 m langen Fäden eine Kordel drehen.

Für die Metallic-Kordel: 4,2 m Metallicfaden zur Kordel drehen.

Am Anfang der 4 Kordeln einen Knoten machen. Mit linken Knoten ca. 17 cm tundeln. Die Fäden liegen wie bei dem Halsschmuck. Verschlusskappen aufsetzen und Verschluss montieren (siehe S. 14).

Auf Seite 44 finden Sie die Beschreibung für den Schlüsselanhänger zum Halsschmuck mit Mond.

Freundschaftsbänder

Hier habe ich eigentlich immer gleich gearbeitet. Diese Bändchen sind alle im 4er-Tundel gearbeitet und benötigen immer 4 x 1 m als Material. Durch die unterschiedlichen Materialien, Perlen und Verschlüsse, wird die endlose Vielfalt der Technik besonders deutlich.

Hier verwendete Materialien:

- Seidenschnur
- Viskoseglanzgarn
- Strickgarne
- Stickgarn
- dünne Metallkordel
- Velourlederbändchen
- Satinbändchen

Die verschiedenen Verschlussarten:

- Verschlussklemmen mit Steckverschluss oder Federring
- geknotet
- Enden vernäht und mit vorher aufgezogener Schmuckperle verdeckt

Die Seite zeigt Ihnen, dass Sie nicht nur Schmuck mit dieser Technik herstellen, sondern damit auch Schnüre und Bänder für den täglichen Gebrauch attraktiv gestalten können!

Matchsack mit getundelter Zugschnur

Material: mitteldickes Baumwollstrickgarn, dunkelblau und blau-meliert
2-fach verarbeitet
Länge: dunkelblau: 2 x 7 m; blau-meliert: 2 x 7 m
Außerdem: – 1 Matchsack mit ausreichend großen Ösen für den Schnurzug

Die Fäden so halbieren, dass man 3,5-m-Stücke erhält (nicht schneiden). Die 4 Fadenbündel nach 10 cm miteinander verknoten und zu kleinen Knäuel wickeln, mit Gummiringen fixieren. Mit linken Knoten ca. 75 cm tundeln. Die beiden melierten Fadenbündel liegen dabei gegenüber. Anfangsknoten lösen und die Schnur in den Beutel einfädeln. An beiden Enden einen schönen Abschlussknoten bilden. Die Fäden nach ca. 8 cm ab Knoten abschneiden.

Turnschuhe mit getundelten Schnürsenkeln

Material: mitteldickes Baumwollstrickgarn, dunkelblau und blau-meliert
Länge für einen Schnürsenkel: dunkelblau: 3 x 3,2 m; blau-meliert: 1 x 3,2 m
Außerdem: – 1 Paar Sommerschuhe mit großen Ösen für Schnürsenkeleinzug
– 2 kurze, gebogene, silberne Schmuckröhren

In der Mitte mit einem Knoten die 4 Fäden zusammenfassen. Mit linken Knoten ca. 33 cm arbeiten. Den Anfangsknoten lösen, wieder einen schönen, nah anschließenden Knoten bilden und die Schmuckröhre auffädeln. Zur Befestigung dient noch ein Knoten. Nun die 2. Seite mit linken Knoten in der gleichen Länge arbeiten. Schnürsenkel einziehen und an beiden Enden einen schönen Abschlussknoten bilden. Die Fäden nach ca. 3 cm ab Knoten abschneiden.

Schlüsselanhänger

aus Velourleder mit Silberperle

Material: Velourlederstreifen, 3 mm breit in 2 Farben
Länge: je 2 x 1 m
Außerdem: – 1 Schmuckperle
– 1 Schlüsselring

Am Anfang der 4 Lederstreifen einen Knoten machen. Mit linken Knoten ca. 15 cm tundeln. Die Farben liegen dabei paarweise nebeneinander. Am Ende die Perle auffädeln und mit einem Knoten befestigen. Schlüsselring in den oberen Knoten einziehen.

aus Seidenschnur

Material: verschieden eingefärbte Seidenschnur
Länge: je 2 x 1,2 m, für den grünen Anhänger: 4 x 1,2 m
Außerdem: – farblich passende Holz- oder Glasperlen
– Schlüsselringe

Bei den Seidenschnüren jeweils die Mitte feststellen und in die Hand einlegen. Die Farben wie gewünscht sortieren und mit linken Knoten die Schnur tundeln. Perlen aufziehen und mit Tundelknoten oder/und einfachen Knoten fixieren. Seidenschnurenden zurückschneiden.

Für den grünen Anhänger in der Mitte der 4 Schnüre einen Knoten machen und die eine Seite mit linken Knoten tundeln. Anfangsknoten lösen, Perle auffädeln, weitertundeln. In die 8 Fadenenden einen Knoten machen und den Ring durchziehen.

zum Halsschmuck mit Mond

Material/Länge: Reste der Kordeln von den Schmuckstücken
brauchbar ab ca. 40 cm
Außerdem: – je 1 silberne scheibenförmige, türkise, kleine silberne Perle
– 1 Schlüsselring

(Foto Seite 39)

Am Anfang der 4 Kordeln einen Knoten machen. Mit linken und rechten Knoten im Wechsel ca. 20 cm tundeln. Die Farben liegen dabei paarweise nebeneinander. Am Ende die Perlen auffädeln und mit einem Knoten befestigen. Schlüsselring in den oberen Knoten einziehen.

Armschmuck »Reseda«

Material: Seidenschnur, in 3 abgestuften Grüntönen eingefärbt
Länge: 2 m je Farbe, in 1-m-Stücke geteilt
Außerdem: – 25 cm weiche Baumwollschnur als Seele (siehe S. 6)
– 2 Verschlusskappen, 1 Karabinerverschluss
– 2 kl. Ösen, 10 cm Draht (Ø 0,8 mm), Kleber

Alle 6 Seidenschnüre und die Baumwollschnur am Anfang verknoten. Im 6er-Tundel mit linken Knoten ca. 18 cm tundeln. Die Farben wurden hier in der Reihenfolge hell, mittel, dunkel, hell, mittel, dunkel verarbeitet. Verschlusskappen aufsetzen und Verschluss montieren (siehe S. 14).

Armschmuck »Eisblume«

Material: Baumwollbändchen zum Stricken in 3 abschattierten Farben
Länge: 2 m je Farbe, in 1-m-Stücke geteilt
Außerdem: – 25 cm weiche Baumwollschnur als Seele (siehe S. 6)
– 2 spitze Verschlusskappen, 1 Drehverschluss
– 2 Ösen, 15 cm Draht (Ø 0,8 mm), Kleber

Arbeitsweise siehe Armband »Reseda«.

Armband »Türkis«

Material: Seidenkordel in Helltürkis und Dunkeltürkis
Länge: helltürkis: 1 x 90 cm
dunkeltürkis: 3 x 90 cm
Außerdem: – 2 Verschlusskappen, 1 Karabinerverschluss
– 2 kl. Ösen, 10 cm Draht (Ø 0,8 mm), Kleber

Den Anfang der 4 Kordeln mit einem Knoten zusammenfassen. Mit linken Knoten ca. 17 cm tundeln. Verschlusskappen aufsetzen und Verschluss anbringen (siehe S. 14).

Halskette mit Herz

Material: Seidenkordel in Bordeauxrot und Silber
Länge: je 4 m
Außerdem: – 1 Herz aus Silber
– 2 Verschlusskappen in passender Größe und 1 Drehverschluss
– 1 silberfarbene große Öse, 2 kl. Ösen, ca. 15 cm Silberdraht (Ø 0,8 mm), Kleber

Bei den 2 Kordeln jeweils die Mitte feststellen und in die linke Hand einlegen. 50 cm für die Kette mit linken Knoten arbeiten, dabei müssen die Farben einander gegenüberliegen. Verschlusskappen aufsetzen und Verschluss montieren (siehe S. 14).

Das Herz mit Hilfe der großen Öse in der Mitte der Kette an einer Kordel befestigen.

Armband zur Herzkette

Material: Seidenkordel wie für die Halskette
Länge: 2 x 1 m in Bordeauxrot und 1 m in Silber
Außerdem: – 2 Verschlusskappen in passender Größe und 1 Drehverschluss
– 2 kl. silberne Ösen, ca. 15 cm Silberdraht (Ø 0,8 mm), Kleber

Die 3 Kordeln nach 10 cm verknoten. 18 cm im 3er-Tundel arbeiten. Verschlusskappen aufsetzen und Verschluss montieren (siehe S. 14).

Das kleine Armband wurde aus dünnen Kordeln genauso wie die Kette mit Herz gearbeitet.

Halskette mit Löwenkopf

Material: Soutache in Königsblau und Gold
Länge: je 4 m
Außerdem: – 1 Knopf in Löwenkopfform
– 2 Verschlusskappen in passender Größe und 1 Hakenverschluss
– 2 kl. Messingösen, ca. 15 cm Messingdraht (Ø 0,8 mm), Kleber

Bei den 2 Soutachebändchen jeweils die Mitte feststellen und in der linken Hand überkreuzt einlegen. 50 cm für die Kette mit linken Knoten arbeiten, dabei müssen die Farben einander gegenüberliegen. Verschlusskappen aufsetzen und Verschluss montieren (siehe S. 14).

Den Löwenkopf in der Mitte der Kette annähen.

Armband zur Löwenkette

Material: Soutache, etwas dünner als für die Halskette
Länge: 2 m in Königsblau und 2 m in Gold
Außerdem: – 2 Verschlusskappen in passender Größe und 1 Hakenverschluss
– 2 kl. Messingösen, ca. 15 cm Messingdraht (Ø 0,8 mm), Kleber

Genau wie die Halskette arbeiten. Nach ca. 17 cm die Tundelei beenden. Verschlusskappen aufsetzen und Verschluss montieren (siehe S. 14).

Dunkles Armband zur Löwenkette

Material: Soutache, etwas dünner als für die Halskette
Länge: 2 m in Königsblau und 2 m in Altgold
Außerdem: – 2 Verschlusskappen in passender Größe und 1 Drehverschluss
– 2 kl. Messingösen, ca. 15 cm Messingdraht (Ø 0,8 mm), Kleber

Der Beginn ist wie bei der Löwenkette. Das Muster entsteht allerdings dadurch, dass sich die Farben nicht gegenüberstehen, sondern paarweise nebeneinander liegen. Gearbeitet wird auch hier ausschließlich mit linken Knoten. Nach gewünschter Länge beenden. Verschlusskappen aufsetzen und Verschluss montieren (siehe S. 14).

Das kleine Armband wurde aus feinem, dunkelblauem Soutache mit linken Knoten gearbeitet. Auf Seite 48 finden Sie die Beschreibung für die Halskette »Scheherazade«.

Halskette im Steinlook

Material: mitteldickes Baumwollstrickgarn
Länge: 4 x 2 m
Außerdem:
- 3 Perlen mit Steincharakter
- 2 schwarze Holzperlen
- 6 silberne Scheibenperlen
- 2 kleine, silberne Perlen mit großem Loch
- 2 Verschlussklemmen, 1 Drehverschluss
- 2 kl. silberne Ösen, 10 cm Silberdraht (Ø 0,8 mm), Kleber

Die 4 Fäden etwa 4 cm von der Mitte entfernt miteinander verknoten. An der kürzeren Seite mit linken Knoten ca. 16 cm tundeln. Anfangsknoten lösen, die Perlen auffädeln und die 2. Seite wie die erste arbeiten. Die beiden Schnurenden mit Kleber einstreichen, die Verschlussklemmen überziehen und zubiegen. Verschluss montieren (siehe S. 14).

Kette mit silbernem V

Material: Seidenkordel in Silbergrau, 3 mm breites Satinband in Schwarz
Länge: Seidenkordel: 4 x 2 m; Satinbändchen: 60 cm
Außerdem:
- 1 silberne Winkelröhre
- 1 großer Drehverschluss

In der Mitte die 4 Kordeln und das Satinbändchen mit einem Knoten zusammenfassen. Mit linken Knoten ca. 18 cm tundeln. Das Satinbändchen wird nicht mitgetundelt! Es wird nach jedem 5. Knoten heraufgeholt und nach rechts 1 Faden weiter über die Knotenfläche gelegt. Achten Sie darauf, dass das Band sich nicht verdreht. Den Anfangsknoten lösen, Röhre aufziehen und die 2. Hälfte wie die erste tundeln. Für den Verschluss je zwei Kordeln gegengleich durch die Verschlussöse ziehen. Mit einer Stopfnadel ohne Spitze alle 5 Fäden möglichst weit in die Tundelei zurückziehen. Herausstehende Enden ganz knapp abschneiden.

Halsschmuck mit Steinknoten

Material: feine schwarze Kordel, goldenes Metalleffektgarn zum Stricken
Länge: Kordel: 4 x 2 m; Effektgarn: 2 x 2 m
Außerdem: – 1 Schmuckstein
– 2 Verschlusskappen, 1 Drehverschluss
– 2 kl. Messingösen, 10 cm Messingdraht (Ø 0,8 mm), Kleber

2 Kordeln und ein Effektgarn durch eine Schlaufe des Knotens ziehen, gleich lang ziehen und mit linken Knoten ca. 16 cm tundeln. Das Effektgarn läuft dabei bei gegenüberliegenden Kordeln mit. Bei der anderen Seite ebenso verfahren. Verschlusskappen aufstecken und Verschluss montieren (siehe S. 14).

Perlenkette mit Lapislazuli-Herz

Material: 3 Perlenschnüre, aus je 15 g feinen Perlen gefädelt, der Faden muss ca. 20 cm länger sein
Länge: ergibt ca. 2 m pro Schnur
Außerdem: – 1 Herz aus Lapislazuli mit dicker Bohrung
– 2 Verschlusskappen, 1 Federring und 1 große Öse
– 2 kl. Ösen, ca. 10 cm Draht (Ø 0,8 mm), Heißkleber

Diese Kette ist die einzige, die nicht aus textilem Material gearbeitet ist. Sie war das letzte Stück, das ich für dieses Buch angefertigt habe. Es hat mich einfach gereizt »artfremdes« Material zu verarbeiten. Ich finde das Ergebnis sehr schön, allerdings erfordert die Arbeit etwas Geduld.

Am Anfang die 3 Perlenschnüre mit einem Knoten zusammenfassen. Mit lockeren Knoten im 3er-Tundel ca. 20 cm tundeln. Steinherz auffädeln und die 2. Seite wie die erste arbeiten. Die Enden der Perlenschnüre gut miteinander verknoten. An diesen Knoten den Draht für die Ösen befestigen. In die Verschlusskappen Heißkleber geben, den Draht durch die Löcher der Verschlusskappen schieben und die Kettenenden in den heißen Kleber drücken. Verschluss wie gewohnt fertig stellen (siehe S. 14).

Die Perlenschnüre müssen während der Tundelei Spiel haben, sonst liegt die getundelte Kette nicht schön. Nach dem Auffädeln ist es also erforderlich, die Schnüre mit beweglichem Abschluss zu belassen (kein Knoten), um der Spannung, die sich immer wieder aufbaut, nachzugeben.

Halskette »Kleopatra«

Material: mitteldickes Baumwollstrickgarn, 3-fach verarbeitet
Länge: 4 Fäden zu je 6 m
Außerdem: – 6 antikgoldfarbene Perlen mit großer Bohrung
– 3 längliche Milchglasperlen
– 1 durchsichtiger, länglicher Drehverschluss
– feiner Messingdraht, Kleber

Die zugeschnittenen Fäden so dritteln, dass man 2-m-Stücke erhält (nicht schneiden). Die 4 Fadenbündel etwa 5 cm von der Mitte entfernt miteinander verknoten. An der kürzeren Seite mit linken Knoten ca. 17 cm tundeln. Anfangsknoten lösen, 7 Perlen auffädeln und die 2. Seite wie die erste arbeiten. Die 2 restlichen Goldperlen rechts und links über die Schnur ziehen. Um den Verschluss zu befestigen, einen Faden durch die Öse ziehen und mit einer Stopfnadel ohne Spitze in die Schnur zurückstopfen. Die beiden Enden mit dem feinen Draht fest umwickeln, knapp abschneiden und mit Kleber einstreichen. Die 2 Goldperlen zum Verschluss hochschieben.

Halskette »Nixe«

Material: Perlgarn Nr. 5 in Blau, silbernes Metalleffektgarn zum Sticken
Länge: Perlgarn: 4 x 2 m, Metalleffektgarn: 2 x 2 m
Außerdem: – 6 kleine matte Silberperlen
– 3 hellblaue Glasperlen
– 3 Milchglasperlen
– 2 kleine Verschlussklemmen, 1 Drehverschluss, 2 kl. Ösen, Kleber

6 cm neben der Mitte mit allen 6 Fäden einen Knoten machen. Mit linken Knoten auf der kürzeren Seite ca. 13 arbeiten, die Silberfäden laufen bei gegenüberliegenden Perlgarnfäden mit. Anfangsknoten lösen, Perlen auffädeln und die 2. Seite ebenfalls mit linken Knoten arbeiten. Die Schnurenden mit Kleber einstreichen, die Verschlussklemmen überziehen und zubiegen. Überstehende Fäden abschneiden und Verschluss montieren (siehe S. 16).

Halskette mit chinesischem Fisch

Material: weiße Seidenschnur, zum Teil in den Farben des Fisches gefärbt
goldenes Metalleffektgarn zum Sticken
Länge: Seidenschnur 2 x 2 m weiß, 2 m blau, 2 m meergrün
Metallgarn 2 x 2 m
Außerdem: – 1 Fischanhänger
– 1 kleine goldfarbene Schmuckperle
– 2 längliche Messingperlen mit großem Loch
– 1 Drehverschluss

Die 4 Schnüre und die 2 Fäden in der Mitte mit einem Knoten zusammenfassen. Von hier aus mit linken Knoten arbeiten. Dabei liegen die weißen Schnüre mit je einem goldenen Faden gegenüber, Blau und Grün dazwischen. Tundeln Sie in dieser Weise 16 cm. Jetzt den Anfangsknoten öffnen und mit einer Schnur die kleine Schmuckperle und den Fisch auffädeln. Dann die Schnur zurück durch die Schmuckperle führen. Nun die 2. Seite wie die erste arbeiten. An den Enden die länglichen Perlen über die Schnüre fädeln, mit weiteren fünf linken Knoten befestigen.

Die beiden weißen Schnüre gegengleich durch die Öse des Drehverschlusses ziehen. Mit einer dicken Stopfnadel ohne Spitze alle 4 Enden möglichst weit in die Tundelei zurückziehen. Herausstehende Enden ganz knapp abschneiden (evtl. unter den länglichen Perlen-Enden verschwinden lassen). Zweite Verschlusshälfte ebenso befestigen.

Goldkette mit Mondsteinperlen

Material: feine Kordel aus vergoldetem Metall
Länge: 4 x 2-m-Stücke
Außerdem: – 8 goldfarbene Perlchen mit großer Bohrung
– 7 imitierte Mondsteinperlchen aus Glas
– 2 Verschlusskappen in passender Größe, 1 Hakenverschluss in Herzform
– 5 Messingösen, ca. 10 cm Messingdraht (Ø 0,8 mm), Kleber

Ca. 5 cm neben der Mitte einen Knoten machen. An der kürzeren Seite mit linken Knoten beginnen zu tundeln. Vorsicht: Die feine Kordel reißt leicht. Nach etwa 13 cm diese Seite beenden. Den Anfangsknoten lösen und die Perlen, wie auf dem Foto zu sehen, auffädeln. Nun die 2. Seite, ebenfalls mit linken Knoten arbeiten. Verschlusskappen aufsetzen und Verschluss montieren (siehe S. 14). Zur Regulierung der Kettenlänge wurden hier mehrere Ösen eingesetzt.

Halskette mit alter Uhr

Material: Seidenkordel in Gold und Schwarz
Länge: je 2 x 2 m
Außerdem: – eine alte Uhr ohne Gehäuse
– 2 Verschlusskappen, 1 Drehverschluss
– 2 kl. Messingösen, 10 cm Messingdraht (Ø 0,8 mm), Kleber

In der Mitte der 4 Kordeln einen Knoten machen. Mit linken und rechten Knoten im Wechsel ca. 20 cm tundeln. Die Farben liegen dabei paarweise nebeneinander. Den Anfangsknoten öffnen, die Uhr mit einer Kordel befestigen und die 2. Seite wie die erste arbeiten. Verschlusskappen aufstecken und Verschluss montieren (siehe S. 14).

Dieser Schmuck sieht auch von der anderen Seite der Uhr sehr schön aus. Dort kommt die Mechanik der Uhr sehr schön zur Geltung.

Armband mit gekreuzter Tundelei

Material: alte Metallkordel (Flohmarkt)
Länge: 4 x 1 m
Außerdem: – 2 Verschlusskappen in Tütenform, 1 Drehverschluss
– 2 mittelgroße goldene Perlen
– 2 kl. Messingösen, 20 cm Messingdraht (Ø 0,8 mm), Kleber

Bei 2 Kordeln jeweils die Mitte feststellen und in die Hand einlegen. 10 linke Knoten arbeiten. Mit den beiden anderen Kordeln ebenso verfahren. An einer Schnur einen weiteren Knoten bilden. Bevor dieser aber festgezogen wird, die 4 Kordeln der anderen Schnur unter dem neuen Knoten durch die Mitte ziehen. Nun an beiden Schnüren noch 6 cm mit linken Knoten weitertundeln. An den Enden jeweils mit 2 Kordeln eine Perle auffädeln (die beiden anderen Kordeln laufen außen weiter!) und zusammen verknoten. Verschlusskappen aufsetzen und Verschluss montieren (siehe S. 14).

Literaturverzeichnis

Bertha Schwetter, Lehrbuch der weiblichen Handarbeiten, Band I, Leipzig 1937
Ruth Zechlin, Werkbuch für Mädchen, 20. Auflage, Ravensburg 1954

Die Autorin dankt:

Frau M. Hieronymus, München für einige Anregungen und
Frau Marlies Müller, Ingolstadt für die zur Verfügungstellung des Schmuckes »Harlekin« sowie
Janosch und dem Merlin Verlag für die freundliche Genehmigung zur Abbildung der Tigerente.
Die Fotos auf den Seiten 6, 7, 14, 15, 16 und 25 stammen von Jörg Esche, Gauting.
(Alle anderen Fotos fertigte die Autorin an.)
Die Grafiken zeichnete Klaus Bremert, München.

Satz und Lithografie: Simon Print Medien Service GmbH, Rosenheim
Druck und Bindung: Graphicom Srl, Italien

ISBN 3-475-52866-5